Haingsook Kim Poetry Collection

김행숙 시집

시인선 007

초판인쇄 2024. 9. 30.
초판발행 2024. 9. 30.

지은이 김행숙
영역 및 펴낸이 변의수
펴낸곳 상징학연구소

출판신고 2022. 1. 22.
신고번호 제 022-000005 호

경기 고양시 일산서구 탄현로 136, 116동 1302호
010-3030-9149
euisu1@hanmail.net
ISBN 979-11-956567-8-3
값 12,000원

잘못된 책은 바꾸어 드립니다.

God's Fragment

신의 부스러기

시인의 말

오랫동안 몸에 밴 형식을 벗어나
은유 알고리듬을 사용하는 일은 낯설었습니다

짙어 가는 노을 앞에서
이제는 말을 줄이고 싶습니다
그것이 하나님이 부스러기인 내게 명하신
작업이라고 생각합니다

더없이 훌륭한 추천사를 써주신 시인 유리 탈베와
탁월한 평을 붙여주신 마리엘라 코르데로에게
깊은 감사를 드립니다

Poet's Word

It was strange to use a metaphor algorithm,
breaking away from the format been ingrained in me
for a long time

I would like to reduce my words
in front of the deepening sunset.
I think that is the task
that God has entrusted to me, fragment

I would like to express my deepest gratitude
to poet Jüri Talvet for the great testimonial
and Mariela Cordero for the excellent commentary

신의 부스러기
God's Fragment

추천사

김행숙의 시와 시학에서 열쇠를 찾다

유리 탈베

시인 · 유럽 학술원 회원
에스토니아 타르투 대학교 명예교수

특별한 잡지 『상징학연구소』의 편집인이자 사상가인 변의수 시인이 김행숙 시인의 시집 『신의 부스러기』의 주요 특징에 대한 짧은 의견의 추천사를 정중히 제안해왔습니다.

쉽지 않은 일이었습니다. 저는 에스토니아의 고향인 타르투 대학에서 거의 반세기 동안 유럽과 서양의 시, 특히 중세와 르네상스부터 바로크, 낭만주의에 이르는 시를 가르쳤습니다. 저는 여러 언어, 특히 스페인어로 된 시를 번역했으며, 지금까지 에스토니아어로 된 시집을 10권 이상 출간했습니다. 그리고 이 주제에 대해 에스토니아어(예: Luulest [of Poetry], Tartu, 2015, 445 pp)와 영어(예: Critical Essays on World Literature, Comparative Literature and the 'Other', Newcastle upon Tyne, Cambridge Scholars Publishing, 2019, 219 pp)로 여러 학술 논문을 썼습니다. 2012년에는 에스토니아의 중요한 시인 요한 리브(Juhan Liiv, 1864-1913)의 시적 유산에 관한 논문을 출간했습니다(Juhan Liivi luule. Monograafia.Tallinn: Tänapäev, 2012, 245 pp). 나의 훌륭한 미국인 친구 Harvey L. Hix와 함께 우리는 Tartu(2007), Toronto(2024) 및 Chisinau(2024)에서 요한 리브의 시 작품을 에스토니아어와 영어로 동시 번역하여 출간했습니다.

Testimonial

Groping for Keys in Haingsook Kim's Poetry and Poetics

Jüri Talvet,

Poet · Member of Academia Europaea

Professor Emeritus of the University of Tartu, Estonia,

The chief editor of the extraordinary magazine Institute of Symbology, poet and thinker Euisu Byeon has kindly offered me to write an opinion on the main features of the poetic creation of Haingsook Kim, as based on her cycle of poems 『God's Fragment』.

Not an easy task at all. I have been teaching at my Estonian home university of Tartu for nearly half a century European and Western poetry, especially from the Middle Age and the Renaissance through the Baroque, Romanticism. I have translated poetry from many languages, above all from Spanish, and to date I have myself published more than ten books of my own poetry in Estonian. I have written several academic treatises on the topic, both in Estonian (e. g. Luulest [of Poetry], Tartu, 2015, 445 pp) and in English (e. g. Critical Essays on World Literature, Comparative Literature and the 'Other', Newcastle upon Tyne: Cambridge Scholars Publishing, 2019, 219 pp). In 2012 I published a monograph on the poetic legacy of Juhan Liiv (1864–1913), a major Estonian poet of the past (Juhan Liivi luule. Monograafia. Tallinn: Tänapäev, 2012, 245 pp). With my faithful American friend Harvey L. Hix, we have translated and published in Tartu (2007), Toronto (2024) and Chisinau (2024) three bilingual Estonian - English selections of Juhan Liiv's poetic work.

그런데 동양의 시적 전통에 관해서는 오랜 무지를 인정합니다. 안타깝게도 인생은 짧습니다. 저는 유럽 언어 외에는 어떤 언어도 배우지 못했기 때문에 동양시를 접할 때는 전적으로 번역본, 특히 영어 번역본에 의존해야 했습니다.

그런 의미에서 저는 포스트모던 시를 연구할 목적으로 1997/1998년 미국 스탠포드 대학에서 풀브라이트 장학금을 받고 머물렀을 때부터 유럽과 서구를 넘어, 아주 늦게야 동양 시를 공부하기 시작했습니다. 당시 세계 여러 나라의 최신 시 선집들을 많이 참고할 기회가 있었습니다. 한국 현대시 선집에서 강은교, 문정희 등 시인의 시를 영어로 번역한 것을 베꼈습니다. 나중에 에스토니아어로 번역한 그들의 시를 에스토니아어 저널에 발표했고, 최근에는 세계 각지의 시인 94명의 번역본을 모국어로 읽을 수 있는 세계 시 번역 선집(Valitud tõlkeluulet II, 타르투, 2021) 2권에도 그 번역을 실었습니다. (그제서야 위에서 언급한 한국 시인들의 시와 같은 선집에 실린 시 중 일부는 동양에 관심이 많기로 유명한 에스토니아의 또 다른 시인 안드레스 에힌(1940~2011)이 이전에 번역하였으며, 그 역시 동양어를 몰랐다는 사실을 알게 되었습니다.

동양 문화와 시에 대한 저의 관심과 이해에 있어 더욱 중요한 전환점은 2012년 중국(이창)에서 열린 국제윤리문예비평협회 창립 학술대회에 학자로 초청받은 해였습니다. 그 후에도 학자로서, 시인으로서 중국과 한국을 오가며 극동 지역을 여러 차례 여행했습니다. 가장 최근의 극동 지역인 일본 여행은 코로나19가 폭발적으로 확산되던 시기(2020년)와 맞물려 있었습니다. 에스토니아 동양학자 타이미 파베스(일본어 전문)의 도움으로 지디 마지아의 시(Tallinn, Ars

Yet I admit my long–time ignorance, as regards the Oriental poetic tradition. Unfortunately, life is short. I have not managed to learn any language beyond European languages, thus, my access to Oriental poetry has had to rely completely on mediating translations, especially in English.

In this sense, I started to go beyond Europe and the West only very late, since 1997/1998 when I stayed by Fulbright scholarship at the US Stanford university, with the purpose to research postmodern poetry. I had the chance to consult a great number of (at that time) newer anthologies of poetry of many nations of the world. From an anthology of Korean contemporary poetry, I copied English translations of poems by Kang Eun–gyo and Moon Chung–hee, and other. Later I published my translations of their poems in Estonian in an Estonian journal and, more recently, I included the same translations in Volume II of my major anthology of translated world poetry (Valitud tõlkeluulet II, Tartu, 2021) in which samples of my translation of 94 poets from all corners of the world can be read in my native language. (Only then I discovered that some of these poems by the above–mentioned Korean poets and from the same anthology had earlier been translated by another Estonian poet, Andres Ehin (1940 - 2011), who was known for his Oriental interests, though he himself did not know Oriental languages either.

Much more important landmark for my feeing and understanding of Oriental culture and poetry was the year 2012, when I was invited as an academic to the founding conference in China (Yichang) of the International Association of Ethical Literary Criticism. A number of trips to Far East, both to China and South Korea, both as academic and poet, followed. My latest trip to Far East, to Japan, coincided with the outburst of Covid–19 (2020). With the help of an Estonian orientalist, Ms Taimi Paves (speciali–

Orientalis,, 2016)와 두 명의 뛰어난 일본 여성 시인 스미쿠라 마리코와 우에무라 다에코의 시(Tallinn, Ars Orientalis, 2020) 일부를 에스토니아어로 번역해왔습니다. 저는 이탈리아 코모에서 열린 시 축제(2015)에서 이 훌륭한 여성 시인들을 처음 만났습니다.

유럽의 작은 주변국 출신인 저는 지디 마지아의 운율이 없는 자유로운 운율로 쓰여진 서사적이며 신화적인 시에서 과거 이(Yi) 민족의 역사적 운명과 집단적 감성을 떠올리며 강한 동질성을 느꼈습니다. 저에게는 에스토니아 문학과 국가의 건국 작품이자 F. R. 크로이츠발트(1803-1882)가 핀란드-우그릭 민요(four-feet trochees)로 작곡하고 작사한 20곡의 서사시 '칼레비포그'(1861)의 상징과 닮은 점이 많았습니다. 반면 스미쿠라 마리코는 현대화된 단카에서 여성의 숨겨진 사랑의 움직임을 미묘한 디테일로 표현했습니다. 우에무라 다에코의 시 역시 친밀하지만, 우리의 사랑과 인간성을 억압하려는 세력(영리적 탐욕, 현대 사회의 무분별한 IT 및 인공지능 로봇화, 자발적 소외)에 대한 항의에 보다 개방적입니다.

최근 몇 년간 내 글에서 나는 "시적 초월성"이라는 개념을 소개했습니다. 이는 구체적인 상호텍스트성이나 영향에 의존하지 않지만 시인의 내적 친밀성(고뇌의 핵심과 표현 형식 모두에서)이 완전히 다른 시대, 대조되는 문화공간에 속한 시인들의 작품에서 발견됩니다. 그것은 우리 주변의 세계에 대한 감성과 이해의 동질성, 즉 기본 정서입니다. 나는 "실존적-시적 초월성"이라는 패턴에서 초기 모더니즘의 서구 문턱에 있는 김행숙의 시, 특히 19세기 미국 시인 에밀리 디킨슨과 에스토니아의 요한 리브의 시와 가장 가까운 유사점을 봅니다.

zing in Japanese), I have translated into Estonian a selection of Jidi Majia's poetry (Tallinn, Ars Orientalis, 2016) and selections of the poetry by two excelling Japanese woman poets, Sumikura Mariko and Uemura Taeko (Tallinn, Ars Orientalis, 2020). For the first time I met these fine woman poets at a poetry festival in Como, Italy (2015).

As I myself come from a small peripheral European nation, I felt strong parallels in Jidi Majia's epic-mythologic poems (written in free unrhymed verse), evoking the historical fate and collective sensibility his of his native Yi nationality in the past. For me, it resembled the symbols of the founding work of Estonian literature (and nation), the verse epic in twenty songs, Kalevipoeg (1861), composed and written by F. R. Kreutzwald (1803-1882) in Finno-Ugric folksong metrics (four-feet trochees). On the other hand, Sumikura Mariko in her modernized tankas has gone into subtle details reflecting hidden movements of love in woman. Uemura Taeko's poetry is intimate, too, but more open to a protest against the forces (unbridled commercial greed, IT and AI robotization and volunteer alienation in today's societies) that by all means aspire to suppress love and humanity among us.

In some of my writings in recent years I have introduced the notion of "poetic transgeniality" - an inner kinship in poets (both in the core of their anguish and in the form of expression) that does not depend on concrete intertextualities or influences but can be found in the work of poets belonging to absolutely different epochs and contrasting cultural spaces. It is a kinship in sensibility and understanding the world around us, thus, a basic attitude. In the pattern of "existential-poetic transgeniality" I find closest parallels to Haingsook Kim's poetry in the Western threshold of early Modernism - above all in 19th-century American poetess Emily Dickinson and the Estonian poet Juhan Liiv.

이런 실존적 초월성의 본질은 세 시인 모두 삶의 괴로운 한계, 죽음에 대한 끊임없는 집착에 있습니다. 가장 중요한 것은 미니멀한 시적 표현의 친밀감입니다. 그들의 시는 짧고, 종종 생략적이며, 자신의 생각과 감정을 직접적으로 말하거나 서술하기보다는 의식적 암시를 바탕으로 만들어졌습니다. 시적 수단 자체는 삶의 실존적 조건을 반영합니다.

서양의 포스트모던 시에는 이른바 메타시, 시적 예술에 대한 논의, 시에 대한 시가 넘쳐납니다. 그러나 김행숙의 시에는 '시'라는 제목 외에 시에 대한 이야기가 전혀 없습니다… 어떤 시든 모국어에서 가장 잘 느낄 수 있기에 그 시를 에스토니아어로 번역하였습니다.

Luule

Sosin
Mõnikord
udu

Lõksu püütud
kuid
elus huul

Salauks
Pane silmad kinni

Poetry

Whispering

Sometimes
Fog

Though trapped

Alive
Moving

Lip

Secretive
Door

Close eyes

시

소근거림

가끔은
안개

갇히기도 하지만

살아
움직이는

입술

비밀스런
문

눈을 감는다

The essence of this kind of existential transgeniality is a constant obsession of all three poets in life's anguishing limitation, death. Utterly important is their closeness in a minimalist poetic expression: their poems are short, often elliptical, consciously built on allusions, rather than telling or narrating directly their thoughts and feelings. The poetic means itself reflects life's existential condition.

Western postmodern poetry abounds in so-called meta-poetry, discussion on poetic art, poems on poems. However, beside the title "Poetry", in Haingsook Kim's poem there is no talk at all about poetry... As I can feel any poem best in my own native language, I translated that poem into Estonian.

Luule

Sosin
Mõnikord
udu

Lõksu püütud
kuid
elus huul

Salauks
Pane silmad kinni

Poetry

Whispering

Sometimes
Fog

Though trapped

Alive
Moving

Lip

Secretive
Door

Close eyes

시

소근거림

가끔은
안개

갇히기도 하지만

살아
움직이는

입술

비밀스런
문

눈을 감는다

이 시는 죽음의 덫에 걸린 시와 삶의 유사성에 대한 강력한 비전을 제시합니다. 첫째, 시와 삶 사이에는 단순하지만 성공적으로 은유된 유사점이 있습니다. 때때로 참된 진실은 사회와 세상의 타락한 소음을 뚫고 우리 내면의 속삭임으로만 드러날 수 있습니다. 종종 우리는 삶과 시에서 직선적이고 '올바른' 길을 잃어버린 채 안개 속을 방황합니다. 이러한 직관의 배경에는 17세기 스페인의 위대한 바로크 시인 프란시스코 데 케베도(Francisco de Quevedo)와 페드로 칼데론 데 라 바르카(Pedro Calderón de la Barca)가 있습니다.(후자는 그의 유명한 드라마 시 『인생은 꿈이다 그리고 세계의 위대한 극장』으로 알려져 있습니다.) 초기 모더니즘에서 '안개'는 1864년 요한 리브와 같은 해에 태어난 스페인 작가이자 철학자 미겔 데 우나무노가 지속적으로 천착한 상징입니다. 1914년 우나무노는 (메타)소설 「안개(Niebla)」를 발표했습니다.

"갇혀 있지만" '살아 움직이는 입술'은 삶과 시의 여러 측면을 지칭할 수 있습니다. 시인은 삶의 감옥에 갇혀 있지만 혀의 언어는 여전히 살아 있으며, 독재 정권이 정치적 반체제 인사의 침묵을 강요하는 것과 마찬가지로, 자유와 고귀한 목표를 향한 열망과 믿음은 억압받는 이들의 생존에 힘이 됩니다. 그러나 해석은 대체로 다양할 수 있으며, 특히 양가적이고 다의적이며 생략적인 시에 접근할 때는 더욱 그렇습니다. 시인은 또한 혁신을 거부하는 문화적 전통에 수인처럼 갇혀 있을 수도 있습니다. 요한 리브는 시의 운율에 맞서 끊임없이 싸웠습니다. 그의 시대에는 에스토니아에서 운율이 없는 시를 쓰는 사람이 아무도 없었기 때문입니다.

The poem creates a powerful vision of parallels between poetry and life (in the trap of death). First, there are simple, but successfully metaphorized similarities between poetry and life. Sometimes authentic truths can be revealed only as whispers in our interior, penetrating through life's (society's, the earthly world's) commercial noise. Sometimes we walk as if in a mist, a fog, losing from the sight any straight and "right" path, both in life and poetry. In the background of these intuitions, there are the great Spanish Baroque poets of the 17th century, Francisco de Quevedo and Pedro Calderón de la Barca (the latter, mainly known by his drama poetry, the famous chef-d'oeuvres Life Is a Dream and The Great Theatre of the World). In early Modernism, "mist" is a constant symbol-obsession of Miguel de Unamuno, a Spanish writer and philosopher, born the same year 1864 with our Estonian Juhan Liiv. In 1914, Unamuno published his ludicrous (meta)novel Niebla (Mist).

"Trapped" but "alive moving lip" may refer to many aspects, both of life and poetry. A poet can be (or feel being) in life's prison, but his /her tongue (language) is still alive; it will aspire to freedom and to noble goals anyway, just in the same way as a political dissident or dissenter is silenced by a dictatorial regime: faith in the goal of freedom helps him or her to survive. However, interpretations can mostly vary, especially when approaching a poem that is consciously ambivalent, poly-semantic and elliptical. A poet can also be trapped by cultural tradition that denies renovation. Our Juhan Liiv was in a constant fight against rhyme in poetry, because in his lifetime next to nobody wrote unrhymed verses in Estonia.

아울러, 실존주의 시적 패러다임의 대부분 시인들의 작품에 그림자를 드리우는 "비밀스런 문(비밀의 문)"의 강력한 상징입니다. 죽음을 의미할 수도 있지만 그것은 모든 인간 과학으로부터 그 비밀을 숨기고 있습니다. 이탈리아의 단테 알리기에리가 중세에서 근대로 넘어가는 유럽 시의 기본 작품인 장엄한 철학 시 「신곡」에서 저승에서의 방황을 철저히 묘사했음에도 그 비밀의 문이 언제 열리고 언제 우리를 들여보내는지, 그 안에 무엇이 숨겨져 있는지는 아무도 모릅니다. '비밀의 문'이 주는 느낌은 두려움과 고뇌로 이어집니다. 김행숙 시인의 「시」의 마지막 행입니다: "눈을 감는다". 요한 리브는 정신병이 일어나기 전(1893년)에 쓴 짧은 시 「숲이 부스럭거린다」에서 김행숙의 '비밀의 문'과 같은 모호한 다의성을 '숲'이라는 또 다른 강력하고 모호한 상징으로 담아놓았습니다:

Mets kohas

Mets kohas tumedalt, tõelt...
Ma kuulasin himuga.
Ta kohin tiibu laotas
mu üle ju hällissa.

Ta tume kohin jäi rinda,
seal kohab nüüd alati -
ma nagu tad taga leinan,
ei rõõmsaks saa iialgi.

The Forest Rustled

The forest rustled, ominous…
I listened with foreboding.
Even over my cradle
the rustling spread its wings.

The dark rustling settled in,
and rustles in me always —
as if in mourning for it
I' m forbidden any joys.

(1891, Translated from the Estonian
by J. Talvet & H. L. Hix)

Finally, the strong symbol of "secret(ive) door" (salauks) that casts its shadow to the work of most poets in the existentia-list-poetic paradigm. It may mean death, but it hides its secret from all human science. Nobody knows when that secret door opens, to let us in, and nobody knows what it hides - despite the thorough description offered by the Italian Dante Alighieri of his wandering in the otherworld, in his majestic philosophic poem Commedia, fundamental work of European poetry at the European transition from the Middle Age to the Modern Era. The feeling the "secret door" emits is of fear and anguish anyway. Haingsook Kim's response could be seen in the end line of her poem: "Close eyes". Juhan Liiv, before the start of his mental illness (1893), wrote a short poem "Forest Rustled", in which the same ambiguity of Kim's "secret door" is contained in another powerful and ambiguous symbol, "forest" (mets):

Mets kohas

Mets kohas tumedalt, tõelt...
Ma kuulasin himuga.
Ta kohin tiibu laotas
mu üle ju hällissa.

Ta tume kohin jäi rinda,
seal kohab nüüd alati -
ma nagu tad taga leinan,
ei rõõmsaks saa iialgi.

The Forest Rustled

The forest rustled, ominous…
I listened with foreboding.
Even over my cradle
the rustling spread its wings.

The dark rustling settled in,
and rustles in me always —
as if in mourning for it
I'm forbidden any joys.

(1891, Translated from the Estonian
by J. Talvet & H. L. Hix)

부스럭거리는 숲

숲이 부스럭거렸다, 불길한...
나는 불길한 예감으로 귀를 기울였다.
내 요람 위에서도
부스럭거리는 소리가 날개를 펼쳤다.

어두운 부스럭거림이 자리를 잡았다,
그리고 항상 내 안에서 부스럭거렸다.
마치 애도하는 것처럼
나는 어떤 기쁨도 금지되어 있었다.

제한적이고 한정된 공간에서 자유를 제공하고 상징하는 은유의 힘이 엄청난 강렬함을 얻을 수 있다는 것은 말할 필요도 없습니다. 영혼과 양심에 '비밀의 문'과 '숲'을 영원히 간직한다는 것은 미니멀리즘 시의 가장 확실한 철학적 전제이며, 적어도 이런 종류의 '실존주의적 초월성'에서는 더욱 그렇습니다.

김행숙의 시집 『신의 부스러기』의 마지막 시는 이보다 더 이상 짧을 수 없습니다. 제목과 단 한 줄의 시구로 구성되어 있습니다.

관 棺	Coffin	Surnukirst
옷을 갈아입는다	Changing clothes	Rõivaste vahetus
		[In my Estonian translation:]

부스럭거리는 숲

숲이 부스럭거렸다, 불길한...
나는 불길한 예감으로 귀를 기울였다.
내 요람 위에서도
부스럭거리는 소리가 날개를 펼쳤다.

어두운 부스럭거림이 자리를 잡았다,
그리고 항상 내 안에서 부스럭거렸다.
마치 애도하는 것처럼
나는 어떤 기쁨도 금지되어 있었다.

It goes without saying that in a consciously limited (restricted) space the power of metaphor providing and symbolizing freedom can acquire an extraordinary intensity. Keeping perpetually "secret door" and "forest" in one's mind and conscience is a surest philosophic premise for minimalist poetry, at least in this kind of "existentialist transgeniality".

The end poem of Hingsook Kim's poetic cycle "God's Fragments" cannot be shorter than it is. It comprises just the title and a single verse line:

Surnukirst	Coffin	관 棺
Rõivaste vahetus	Changing clothes	옷을 갈아입는다
[In my Estonian translation:]		

제목 자체가 양도할 수 없는 부분이 되는, 이 한 줄의 시는 어두운 역설의 그늘을 배제하지 않습니다. 요한 리브는 대부분 2~4행으로 이루어진 매우 짧은 시를 오랫동안 써 왔으며, 사후에 "Killud"(파편들)라는 제목으로 출판되었습니다. 이 시들 역시 냉소적이고 블랙 유머에 가까운 게 많습니다.

다양한 측면에서 리브의 본질을 포착하는 동시에 김행숙의 시에 대한 요약적 고찰을 맺기 전에 「관棺」과 유사하게 단 한 줄로 이루어진 Liiv의 시를 인용합니다. 리브의 시 대부분이 그렇듯, 이 시는 그의 사후에 처음 발표된 작품입니다.

꽃의 꿈 | Lille unenägu

꽃의 꿈은 꽃이 피는 것입니다. | Lille unenägu on ta õis.

[1920]

The flower's dream

The flower's dream is its bloom.

(English translation by J. Talvet & H. L. Hix.)

결론적으로 나는 김행숙의 시집 『신의 부스러기』에 있는 시를 높이 평가한다는 점을 덧붙이고 싶습니다. 우리에게 주어진 제한된 공간과 시간 속에서 인간 존재에 대한 강렬한 감성이 가득합니다. 김행숙의 시는 '실존적 시적 초월성'이라는 보편적 규범을 실질적으로 풍부하게 함과 동시에 오늘날 한국 최고의 시적 창조성을 탁월하게 대변하고 있습니다.

This one-line poem (in which the title itself becomes inalienable part of the text) does not exclude a shade of dark humor. Juhan Liiv has written a long cycle of very short poems (for the most part, of two to four verse lines), that have been posthumously published under the title of "Killud" (Fragments). They, too, are often sarcastic and come close to black humor.
However, to catch Juhan Liiv's essence in it varying aspects and at the same time to end my brief reflection on Haingsook Kim's poetry, I will quote a poem by Liiv that similarly with "Coffin" comprises just a single line. As most of Liiv's poems, it was published for the first time after the poet's death.

Lille unenägu	꽃의 꿈
Lille unenägu on ta õis.	꽃의 꿈은 꽃이 피는 것입니다.
[1920]	

The flower's dream

The flower's dream is its bloom.

(English translation by J. Talvet & H. L. Hix.)

Let me add in conclusion that I highly appreciate Haingsook Kim's poetry in her poetic cycle "God's Fragments". It is full of intense sensibility for human existence in the limited space and time allotted to us. Haingsook Kim's poetry substantially enriches the universal canon of "existential-poetic transgeniality" and at the same time, outstandingly represents the best Korean poetic creativity of today.

유리 탈베,

에스토니아 타르투 대학교 명예교수
아카데미아 유로파에아(Academia Europaea) 회원

– 2024년 8월, 타르투에서

Jüri Talvet,

Professor Emeritus of the University of Tartu, Estonia,
Member of Academia Europaea

— August 2024, in Tartu

철로

빛의 속도로

묶여 있는

굴렁쇠 소리

Railway

With light's speed

Bound

Hoop sound

노을

기묘하다

향기로운 어둠으로

하늘을 뒤덮었다

타오르는

붉은 화음

Sunset

Mysterious

With fragrant darkness

Covers sky

Burning

Crimson harmony

꿈꾸는 불꽃

들녘의 붉은
노을

타는
빛

귀를 기울인다

겸손한
무릎으로

Dreaming Flame

Red sunset
Of the fields

Burning
Light

Listening ears

With
Humble knees

거울

자화상

흙으로 만든

신의
부스러기

Mirror

Self−portrait

Made of earth

God's
Fragment

그림자

조금씩
지워지고 있다

색깔도
빛도

사라지고 있다

감추어진 문

기나긴 잠 속에 취했었나
꽃잎으로 태어나기까지

Shadow

Gradually
Being erased

Even colors
and light

Fading away

Hidden door

Were drunk in long sleep
Until becoming a petal

놀이터

빈 시소
기울어져 있다

바람의 무게는
얼마나 될까

제 무게를 놓아버린
저녁

목련 나무
그림자

시소에 올라탄다

지상의
왼쪽은
끝없는 바다

오른쪽은

Playground

A empty seesaw
Leaning

What's weight
Of wind

Evening
Shed its weight

Magnolia tree
Shadow

Climbs onto the seesaw

On left
Of the earth
Endless sea

On right

석양을 흔드는
정원

현기증으로 충만한
한점 허공
그림으로 걸려 있다

숲을 흔드는

보지 못한
꽃

Garden
Shaking sunset

Filled with dizziness
Void' A point
Hanging as picture

Shaking forest

Unseen
Flower

무대

희노애락을

펴든

빈터

객석을 둘러싼

읽다만

어둠

Stage

Empty

Unfolding

Life

Surround audience

Unread

Darkness

길

놓을 수 없어

꿈을 깁는

수의

허공에 걸린

한 장

깃발 하나

Road

Unable to put down;

Prison uniform

Sewing dream

Hanging in void

One sheet

Flag

골목길

→
←

언제나

수학자의
낡은 눈

이미 알고 있는
사물을 접어 본다

Alleyway

→
←

Always

Mathematician's
Old eyes

Folding objects
Already known

그랬지

지금사

알고 있어

엉킨 골목

It was so

Right now

Know

Tangled alley

잠

한낮 잠시

꿈도 없이
잦아드는

나비 날고
꽃이 피는

마당

Sleep

Midday moment

Without dream
coming

Yard

Butterfly fluttering,
Flower blooming

침묵

손의
생각

창을
열어젖힌
오후

보이지 않는
빛

Silence

Thought
of hand

Afternoon
throwing open
a window

Invisible
Light

비행

은색 바다

여름 수평선

날개짓

숨막히던

산화하는 아름다움

비워내면

물들 수 있을까

달 너머 가라앉는 바다

Flight

Silver sea

Summer horizon

Wingbeats

Breathless

Oxidizing beauty

If emptied

Can dye?

The Sea sinking beyond the moon

담장

마을이
깊어간다

기운
　한낮

지붕 위의
낡은 해

그림자를 드리우는
측백나무

Fence

A village
Grows deeper

Slanted
    Midday

Old sun
On a roof

Cypresses
Casting shadow

길

죄없는
가로수 잘려나간
봄날

꿈틀거리는
허기

돌아보니
여기는

비둔함을 모른 채
먹고 마시는 족속이 모여 사는

사람의 마을

Way

A spring day
Innocent
Street trees cut down

Writhing
Hunger

Looking back
This place

Unaware of dullness
gathering of those eating and drinking

Village of people

하늘

아름다운 발견

붉은 향기를 휘어 감은

태양

신의 선물

깊고 넓은

정적

Sky

Beautiful discovery

The sun

Wrapped around the red scent

God's gift

Deep and Vast

Stillness

과원

봄이 피는
숲

아지랑이
빛나는 기쁨에 떨고 있다

햇살
한 줌 고인

붉은
한 알 신맛

Orchard

Forest
Spring's blooming

Haze
Trembling with radiant joy

A handful's sunlight
Gathered

One red
Tartness

열매

씨앗 속에
열려 있는

빨갛게 익은
얼굴

바람을
쪼아먹는 새

Fruit

In the seed
bearing

A red
ripe face

A wind−pecking
bird

섬

생각의
뜰에 잠겼다

피어나는
바다

눈부신 새

Island

Immersed
In garden of thought

Blooming
Sea

Dazzling bird

싹

하늘로 타오르는
비에 젖어

귀가 열리더니
어느새

천 개 만 개의 눈들이
쏘아봤어
겨우 시작인데도

힘을 다해
밀어내고 밀어냈어

번쩍 들린
하늘 한 조각

눈부셨어

Sprout

Soaked in rain
Blazing towards sky

Ears opening
So soon

A thousand ten thousand eyes
Stared
Even though just begun

With all might
Pushed and pushed

A fragment of sky
Lifted high

Dazzling

꽃잎

까마득한
함성이 들리는 듯

푸른 잎에
싸여

대양을 건너온

뜨거운
태양의 속삭임

Petal

As distant roar
Hearing

Wrapped in
Green leaves

Crossed ocean

Hot
Sun's whisper

양털 구름

빈자리

돋아나는 나뭇잎

바람은 깊고

그늘이 타오른다

한낮의

금빛

햇살이 쏟아져 내린다

Wool Cloud

Empty space

Sprouting leaves

Wind's deep,

Shade burns

Midday

Golden

Sunlight pours down

가을

한 줄기
시든

빛

종이로 접은
나무

건반 위의
나뭇잎

햇살이 엷어지고

느린 한낮

느린

잠에 든

벽시계

Autumn

Single
Withered

Light

Paper—folded
Tree

Leaf
On keyboards

Sunlight fading

Slow midday

Slow

sleeping

Wall clock

바람

구름을 내건
전시장

나뭇잎을 연주하는
아코디언

꿈인 듯

출렁이는
구름의 표정

멀리

추억은
페달을 밟는다

Wind

Exhibition
Hung clouds

Accordion
Playing leaves

As dream

Swaying
Cloud's face

Far away

Memory
Presses pedals

담쟁이

피어 있는
등대

푸른 바다

비어있는 한쪽

길은
뻗어있다

구름처럼

여행은
생각을 부풀리고

Ivy

Blooming
Lighthouse

Blue sea

An empty side

A road
Stretches

Like cloud

Traveling
Inflates thought,

벤치가 있는 자리

플라타너스

소리날 것 같은
건반

모딜리아니의 그림

언제나
낙엽 같은

저녁 바람

Place with a Bench

Plane tree

Keys
on the verge of sound

Modigliani painting

Always
Like fallen leaves

Evening breeze

디저트

아름다운
적막

바다처럼
조용한

식탁

포근한
나이프

유리창에 가득한
숲

평온한
사과나무

저녁
눈동자에 눈이 내린다

Dessert

Beautiful
Silence

As the sea
Quiet

Table

Cozy
Knife

Forest
filling window

Calm
Apple tree

Evening
Snow falls on eyes

발자국

겨울

하얀 바람

새하얀 향기

육각형의

창틀

세상을 바꾸었다

겨울을 증명하는

지난밤

눈발

Footstep

Winter

White wind

Pure white scent

Hexagonal

Window frame

Changed world

Last night

Snowy feet

Proving winter

달

소리 없이

숨어버린
창고

짙푸른
그늘

숲이 졌다

창백한
입술에 걸린

Moon

Soundless

Hidden-away
Warehouse

Dark blue
Shade

The forest has fallen

Pale
Hanging on the lips

나무들의 한낮

한 자락
구름에 가린

낮은 바람

식탁과 냅킨

바이올린이 흐르고

열린 귀
반짝인다

누군가 바라보았을
집의 일부

내려놓지 못한
한 묶음
생각이 피어나는

Midday of Trees

A piece
Hidden in cloud

Low wind

Table and napkin

Violin flows,

Open ear
Glistens

Someone would have looked at
Part of house

Couldn't put down
A bundle
Thinking Blooming

아주 작은 하나로
완전한

나뭇잎 흔들리는

아름다운 한낮

As one very small
Complete

Leaves swaying

Beautiful midday

하늘의 셈법

안개와
잎사귀에 걸린 해

새장에 갇힌
구름과 언덕은

푸른 산책 때문이죠

태양이 녹아내리는
창

눈 내리는 불볕더위는
밤하늘의 은하수 때문이죠

너무
낮은 사계절

자정에 깨어난
침묵은

잠이 든 눈동자 때문이죠

Calculation of Sky

Fog and
Sun caught on leaves

Trapped in the birdcage
Clouds and hills

Because of blue walk

Window
Sun melting away

Scorching heat snowing falling
Because of Milky Way in the night sky

Too low
Four seasons

Midnight−awakened
Silence

Due to sleeping eyes

이곳은

꽃을 피우지 않는

찢어지지 않는
구름

흔들리지 않는
나무

수직의
빛

소나기를 선물해요

천둥을 예속한
향기로

Here

Not blooming

Clouds
Not tear

Trees
Not sway

Vertical
Light

Gifts shower

With scent
Commanding thunder

피아니스트

손가락 속의
불꽃

건반을
튀어오른

우레와 천둥

리듬의 물방울에
놀란

폭우 속
물고기 떼

Pianist

Flame
Within fingers

Bouncing
Keys

Thunder and Lightning

By rhythm's raindrops
Startled

In torrential downpour
Fish school

건물

반짝이는
계단보다

꽃병을 갖다 둔
에어컨

광고보다

오르내리는
시간을 덜어준다

정비를 받는
은박의 조형물

Building

More than
Sparkling stairs

With vase
Air conditioner

More than advertisements

Reduces time
Ascending and descending

Silver sculptural piece
Being serviced

독감

따끔거리는
마른 불빛

가시 무성한
통증

햇살은 공기로 전파된다

외투의
물리요법

따뜻한 페니실린

반짝거리는 겨울 바이러스와
청진기의

사냥

Influenza

Tingling
Dry light

Spiny
Pain

Sunlight spreads through the air

Coat's
Physiotherapy

Warm penicillin

Glittering winter viruse and
Stethoscope's

HUNT

튜닝

빨갛게 익은
바람

구멍 난 손의
증상

귀를 기울인다

여백에 쏟아진
따끔거림

나트륨으로
소독한

난해와
심오함

화음에 실린
활의

선율

Tuning

Red–ripe
Wind

Punctured hand's
Symptom

Listening

Spilled in Margins
Tingling

Disinfected
With sodium

Obscurity and
Profundity

Of a bow
Carried in Harmony

Melody

무언극

움직이지 않는

계단의

판토마임

걷지 않는

발자국

잠들지 않는

보폭의 과학

빛의 원소

지워지지 않는

물질의

Mime

Unmoving

Pantomime

Of stairs

Footsteps

Not walking

Science of stride

Not sleeping

Element of Light

Indelible

Matter's

춤

계단에서

비를 맞는

거리를

바라본다

Dance

On the stairs

Look at

Streets

In the rain

껍질 속의 씨앗

푸른 잎을 단

앵무새의

빨간
침묵

Seed in Shell

With green leaf

Parrot

Red
Silence

토마토

낮은 바람결의
선율

바이올린의 떨림이
쏟아지는

돌

귀를 기울이고 있다

Tomato

Melody
Of low breeze

Vibration of violin
Pouring onto

Stone

Listening

길

모두들
돌아갈 화물선

어둠 속

비어있는
생각에 잠기지

검은 연기를 내뿜는
바다

Path

Everyone
Cargo ship to return

In darkness

Immersing
In empty thought

Emitting black smoke
Sea

망가진

정신은
북쪽을 가리킨다

날아가는 세계
웃고 있었어

목이 깊은
울음을

걷잡을 수 없이 커지는
종소리

오래된 골목

거꾸로 선
계단의

Shattered

Mind
Points north

Flying world
My laughing

Deep
Cry

Irrepressible growing
Bells

An old alley

Standing upside down
Of staircase

실어증

새벽

가로등

고독이
앉아 있다

한 그루
바람

들리지 않는

낮은
함성의
고요

상징보다
구름이 된

새들

Aphasia

Dawn

Streetlamp

Solitude
Sits

Single−tree's
Breeze

Unheard

Quiet
Of
Low roar

More than symbols
Sturned into cloud

Birds

허공을 삼킨

입을 열고 싶은
지하도

Swallowed void

Underpass
Want opening mouth

페인팅

그림을 그리기 시작하면서
안다

어디에서 보느냐에 따라
붓은

다르게 보인다

단면과
각도

위치는
따로 없다

보이지 않는
사이와 사이

알 수 없는
2차원의
깊이와 높이

Painting

As starting paint
Realize

Depending on where look
Brush

Seem different

Section and
Angle

Location
No separate

Unseen
Gap and gap

Unknown
Two-dimensional's
Depth and Height

짐작만 할 뿐

잠을 만드는
그릇

꿈을 꾸고 있다

Only guesses

Vessel
Creating sleep

Dreaming

미각

조율된

아름다움이

부서지고

십자가

정신의

무게와

머큐롬의

요구

강박의 포박

격렬한

Taste

Tuned

Beauty

Shattered

Cross

Mind's

Weightf and

Mercurochrome's

Demand

Bondage of Obsession

With pain

굴곡의 통증으로

섬은

아름다우며 차다

Of intense flexion

Island

Beautiful and Cold

추락

어둠을 지나

스치는 옷자락

허공을 가르는

그곳을

조금씩 다가가는

바람 소리

끝이 아닌

그곳

Fall

Pass darkness

Grazing hem

Through void

There

Gradually approaching

Wind sound

Not end

That place

꽃잎

달콤하기 그지없다
향기로운 봄날에

은밀한
끝자락

깊은
눈

빛나는
떨림으로

꽃잎
절벽을 무너뜨린다

Petal

Endless sweet
On fragrant spring

A secret
Edge

Deep
Eyes

With trembling
Shining

Petal
Bring down cliff

이 하루

밤에도

태양은
잠들지 못하고

깨어나
서성인다

넓고
넓은 하늘

환하게
지는 해

커텐을 내린다

남아 있는
사람들

This Day

Even night

Sun
Sleeps not

Awakes
Wanders

Wide,
Wide sky

Brightly
Setting sun

Lower curtains

Remaining
People

시간을

태양을 지운다

time

erase sun

어머니

손

눈부시다

늘

폭풍을 일으키는 길

Mother

Hand

Dazzling

Always

Path stirring up storms

여름의 정원

날개 끝
개구쟁이

춤추는
소나기

활짝 핀
아이들

Summer Garden

At wing tip
Mischievous

Dancing
Shower

BloomY
Children

성찬식

낮은 음이
연주되고

십자가

손과
함께

피를
받는다

Communion

Low note
play,

Cross

With
Hands

Receive
blood

시

소근거림

가끔은
안개

갇히기도 하지만

살아
움직이는

입술

비밀스런
문

눈을 감는다

Poetry

Whispering

Sometimes
Fog

Though trapped

Alive
Moving

Lip

Secretive
Door

Close eyes

응시

주사기와 핀셋

규칙적인
음악소리

손바닥 위의
정맥

밤을 촬영하는
뇌는 해부학적으로
복잡한 빛을 분석한다

공기가 요구한
해체

새의
분노

간호사는 일회용 앰플을
혈관에 꽂는다

Gazing

Syringe and Tweezers

Regular
Music sound

Veins
Of palm

In anatomically
Brain photographing night
Analyze complex light

Air's demanded
Dismantling

Bird's
Wrath

Into a blood vessel
The nurse puts a disposable ampoule

관 (棺)

옷을 갈아입는다

Coffin (棺)

Changing clothes

‖ 해설 ‖

마리엘라 코르데로

시인 · 평론가 · 번역가

아름다움을 가렸던 베일이 벗겨졌다

김행숙

시집

신의 부스러기

|| Commentary ||

BY Mariela Cordero

Poetry · critic · Translater

The Veil that Covered the Beauty Has Fallen

Haingsook Kim

Poetry Collection

God's Fragment

아름다움을 가렸던 베일이 벗겨졌다

마리엘라 코르데로
(시인 · 평론가 · 번역가)

“시는 세상의 숨겨진 아름다움에서 베일을 걷어내고, 익숙한 사물을 낯설지 않은 것처럼 만든다”. 영국 시인 퍼시 비셰 셸리(1792–1822)의 이 문구는 김행숙 시인의 시집 『신의 부스러기』를 다 읽고 나서 떠올랐습니다. 시적 미니멀리즘의 절정을 보여주는 이 시들에서는 세상의 아름다움을 가리는 베일이 벗겨져 독자가 숨겨진 은총의 장소로 다가갈 수 있게 합니다. 시인은 탐험가이자 세상과 그 안에 담긴 모든 것에 대한 철저한 탐구자입니다. 눈에 보이는 것 너머를 보는 눈으로 관찰한 후, 그녀는 하느님의 조각을 구성하는 53편의 시를 통해 자신의 계시를 독자와 공유합니다.

일상적 사물은 다른 의미로 장식됩니다. 이 시집의 첫 번째 시에서 볼 수 있듯이 익숙한 것은 더 이상 익숙하지 않습니다:

The Veil that Covered the Beauty Has Fallen

BY Mariela Cordero
(Poetry · critic · Translater)

≪Poetry lifts the veil from the hidden beauty of the world, and makes familiar objects be as if they were not familiar≫. This phrase by the English poet Percy Bysshe Shelley (1792–1822) came to my mind after finishing Haingsook Kim's poetry collection, God's Fragment. In these poems, which display the finest art of poetic minimalism, the veil that shrouds the beauty of the world falls away, allowing the reader to access that hidden place of grace. The poet is an explorer, a thorough investigator of the world and all that it contains. After observing with eyes that see beyond the apparent, she shares her revelations with the reader through the fifty-three poems that make up God's Fragment.

Common objects are adorned with other meanings. The familiar no longer appears quite so familiar, as seen in the first poem of this poetry collection :

빛의 속도로
묶이는

굴렁쇠 소리

—「철로」 전문

철로, 거울, 하늘, 길, 침묵, 일몰:

기묘하다

향기로운 어둠으로

하늘을 뒤덮었다

타오르는

붉은 화음

—「노을」 전문

폴란드의 시인이자 1996년 노벨문학상 수상자인 비스와바 쉼보르스카(1923~2012)는 이렇게 썼습니다:

가장 눈에 띄지 않는 사물에 숨어 있는 우주 전체를 발견할 수 있다.

시인 김행숙이 관찰한 사물, 자연 현상, 일상의 요소들 속에는

With light's speed

Bound

Hoop sound

— 「Railway」 full text

Railway, mirror, sky, road, silence, and sunset:

Mysterious

With fragrant darkness

Covers the sky

Burning

Crimson harmony

— 「Sunset」 full text

The Polish poet and Nobel Prize winner in 1996, Wisława Szymborska (1923–2012), wrote:

> You can find the entire cosmos lurking in its least remarkable objects.

A small cosmos resides in the objects, natural phenomena,

작은 우주가 숨어 있습니다. 이 숨겨진 코스모스에 대한 그녀의 시선은 찰나의 시로 승화되어 우리에게 깊은 인상을 남깁니다.

범상한 주위의 것들이 새롭고 예상치 못한 형태로 드러납니다.

1990년 노벨문학상 수상자인 멕시코 시인 옥타비오 파스(1914-1998)는 다음과 같이 말했습니다: "시는 지식, 구원, 힘, 버림입니다. 세상을 변화시킬 수 있는 시적 활동은 본질적으로 혁명적이며, 영적인 운동이자 내면의 해방을 위한 방법입니다. 시는 이 세상을 드러내고 또 다른 세상을 창조합니다".

김행숙 시인의 시는 우리의 세계를 드러낼 뿐만 아니라 새로운 세계를 구현합니다. 시인은 시를 대표하는 보편적인 합창에 자신의 진솔한 목소리를 더했습니다. 시는 보편적인 노래이자 인류의 가장 오래된 표현 방식 중 하나입니다. 태고적부터 인간은 시를 통해 감정을 표현하고, 경험을 회상하고, 지식을 대대로 전달해 왔습니다.

일부 연구에 따르면 시의 기원은 고대 메소포타미아로 거슬러 올라갑니다. 길가메쉬의 시는 4천 년 전에 설형문자로 점토판에 쓰여진 가장 오래된 시로 간주됩니다. 이 서사시는 불멸을 추구하는 왕이 다양한 장애물을 만나면서 겪는 이야기를 담고 있습니다. 이 외에도 다양한 주제의 시가 수메르 점토판에는 발견됩니다. 또한 고대 바빌로니아의 서사시인 에누

or everyday elements observed by poet Haingsook Kim. Her vision of this hidden cosmos is transformed into fleeting poems that nonetheless leave a profound impression on the reader.

Common things reveal themselves in new and unexpected forms.

The Mexican poet Octavio Paz (1914–1998), also a Nobel laureate in 1990, stated: ≪Poetry is knowledge, salvation, power, abandonment. An operation capable of changing the world, poetic activity is revolutionary by nature ; it is a spiritual exercise, a method of inner liberation. Poetry reveals this world ; it creates another≫.

Haingsook Kim's poetry not only reveals our world but also constructs a new one. The poet has joined her genuine voice to that universal chorus representing poetry. Poetry is a universal song and one of humanity's oldest forms of expression. Since time immemorial, humans have used poetry to express emotions, recall experiences, and transmit knowledge from generation to generation.

Some studies suggest that the origins of poetry trace back to ancient Mesopotamia. The Poem of Gilgamesh is considered the world's oldest poem, written on clay tablets in cuneiform over four thousand years ago. This epic recounts the story of a king seeking immortality and encountering various obstacles. Other remnants of poems on different themes have been found on clay tablets of Sumerian origin. Additionally, Enuma Elish an ancient

마 엘리시는 우주의 기원에 대해 서술하고 있으며 그것은 세계 창조의 노래로 알려져 있습니다. 고대 이집트에서 시는 종교 의식과 장례 의식에서 중요한 역할을 했는데, 파피루스 두루마리에 상형문자로 새겨져 있습니다.

고대 그리스에서도 시적 예술이 번성하여 호머, 헤시오도스와 같은 시인들이 수 세기 동안 이어서 서사시를 창작했습니다. 이러한 시는 많은 청중들 앞에서 의식이나 대중의 축하 행사에서 부르기 위해 리드미컬한 구조로 써졌습니다. 기원전 6세기의 시인 사포의 시는 특히 눈에 띄는데 그녀는 축가와 결혼식 노래의 시를 주로 썼습니다. 아나크레온의 작품도 눈길이 가는데, 그는 시를 통해 젊음의 아름다움과 포도주가 주는 기쁨을 찬양했습니다. 플라톤과 아리스토텔레스 같은 철학자들은 시에 대해 주로 서정적 표현보다는 시의 본질과 이해에 관한 글을 썼습니다.

아리스토텔레스는 시에 자율성을 부여한 최초의 서양 작가입니다. 철학자는 시를 음악이나 그림과 같은 다른 예술적 표현으로 정의했습니다. 시는 창작에 있어 언어라는 독특한 도구에 의존합니다. 아리스토텔레스에게 시는 존재와 인간 조건에 대한 보편적인 진리를 드러내는 현실 모방의 한 형태입니다.

로마인들은 그리스 작품에서 발견되는 아이디어를 따라 그들만의 독특한 제국주의적 관점을 더했습니다. 시인 버질이 쓴 서사시 아이네이드는 가장 주목할 작품의 하나입니다.

Babylonian epic, narrates the origin of the universe and is also known as the song of the world's creation. In ancient Egypt, poetry played a prominent role, especially in religious and funerary rituals, with verses inscribed in hieroglyphics on papyrus scrolls.

Poetic art also flourished in ancient Greece, where poets like Homer and Hesiod created epic works that have endured through the centuries. These poems were written with rhythmic structures, possibly to be sung before large audiences and during rituals or popular celebrations. Notably, the poetry of Sappho, a poet from the 6th century BCE, stands out. Her poetry focused on writing odes and wedding songs. The work of Anacreon also stands out; in his poems, he celebrated the beauty of youth and the joy provided by wine. Philosophers such as Plato and Aristotle wrote about poetry, primarily to understand its essence rather than as an exercise in lyrical expression.

Aristotle was the first Western author to grant autonomy to poetry. The philosopher defines it as an artistic manifestation that differs from others, such as music and painting. Poetry relies on a unique instrument in its creations: language. For Aristotle, poetry is a form of imitation of reality that reveals universal truths about existence and the human condition.

The Romans followed the ideas found in Greek works, adding their own particular imperialistic perspective. One of their most notable works is the epic poem The Aeneid, written by the poet Virgil.

서양을 넘어 중국 시는 7세기부터 9세기까지 당나라 시대에 절정을 이루었습니다. 그리고 일본의 헤이안 시대(서기 794-1185년)에도 시가 화려하게 꽃피었습니다. 초기 헤이안 문화는 당나라의 영향을 많이 받았습니다.

인도에서 시 라마야나는 힌두교의 위대한 서사시 중의 하나로 꼽힙니다. 비슈누 신(수호신)의 화신 중 하나인 라마의 모험을 이야기하고 있습니다. 산스크리트어로 쓰여진 이 작품은 약 5만 구절로 구성되어 있으며, 2,400년 전 힌두교의 현자 발미키가 작시한 것으로 알려져 있습니다. 인도에서 매우 중요한 또 다른 서사시는 바라타 왕조의 마하바라타입니다. 원래 제목은 자야 또는 승리로, 10만이 넘는 연으로 구성되어 있으며 아마도 가장 긴 시일 것입니다. 기원전 4세기 또는 3세기에 시작된 것으로 추정되지만, 4세기 굽타 왕조가 끝날 때까지 다양한 수정이 계속되었습니다.

한국시는 한반도의 초기 시대로 거슬러 올라가는 풍부한 역사를 가지고 있습니다. 한국 시의 초기 사례는 향가와 같은 시적 형식이 발달한 삼국 시대(기원전 57~기원후 668년)에서 찾을 수 있습니다. 이 토속적인 노래는 종교적, 철학적 주제를 다루며 한국어에 맞게 한문으로 번역되었습니다.

고려 시대(918-1392)에는 고려 가요와 시조와 같은 새로운 시적 형식이 도입되면서 한국 시는 계속 발전해 나갔습니다. 특히 시조는 특정한 음절 패턴을 가진 세 줄로 구성된 매우 인기 있는 시적 형식이 되었습니다. 이 시적 형식은 개인적인

Beyond the Western world, Chinese poetry reached its peak during the Tang Dynasty from the 7th to the 9th century. And during the Heian period (794 - 1185 AD) in Japan, poetry also flourished splendidly. The early Heian culture was heavily influenced by the Tang Dynasty.

In India, the poem Ramayana represents one of the great epics of Hinduism. It narrates the adventures of Rama, one of the incarnations of the god Vishnu (the protector). Written in Sanskrit, it consists of nearly 50,000 verses, and its composition is attributed to the Hindu sage Valmiki, dating back 2,400 years. Another highly significant epic poem in India is the Mahabharata from the Bharata dynasty. Originally titled Jaya or Victory, it comprises over 100,000 stanzas and is perhaps the longest poem ever composed. It likely began in the 4th or 3rd century BCE, but various revisions continued until the end of the Gupta dynasty in the 4th century.

As for Korean poetry, it has a rich history dating back to the early times of the Korean peninsula. The earliest examples of Korean poetry can be found in the Three Kingdoms period (57 BCE - 668 CE), where poetic forms like Hyangga developed. These native songs were poems written in adapted Chinese characters for the Korean language, addressing religious and philosophical themes.

During the Goryeo Dynasty (918 - 1392), Korean poetry continued to evolve with the introduction of new poetic forms such as Goryeo gayo and Sijo. Sijo, in particular, became a highly popular poetic form consisting of three lines with a specific syllabic pattern. This poetic form was used to express personal feelings and philosophical

감정과 철학적 성찰을 표현하는 데 사용되었습니다.

조선 시대(1392~1910)는 한국 시가 번성했던 시기입니다. 이 시기에는 시조와 가사가 주요한 시적 형식이 되었습니다. 보다 긴 형태의 시조인 가사는 시인들이 보다 복잡하고 서사적인 주제를 탐구할 수 있게 해주었습니다. 이 시기의 시는 일상생활과 인간과 자연의 관계를 반영하는 경우가 많았습니다.

한국 시는 단순히 글로만 쓰이는 것이 아니라 노래로 불려지기도 했습니다. 이러한 노래시의 전통은 수 세기에 걸쳐 지속되어 한국 문화의 중요한 부분으로 남아 있습니다. 한국 시는 시간이 지남에 따라 사회적, 문화적 변화에 적응하며 진화해 왔지만 인간 경험의 깊이를 표현하는 본질은 항상 유지해 왔습니다.

초기 문명부터 오늘날까지 시는 변화와 진화의 길을 걸어왔습니다. 시인들은 각자의 순간에 자신이 알고 있는 세계를 드러냈고, 시적 창작물을 통해 불멸의 또 다른 세계를 창조하기도 했습니다. 수 세기에 걸쳐 위도를 달리한 수많은 시인들이 그랬던 것처럼, 한국 시인 김행숙은 시를 통해 세상을 드러내고 또 다른 세상을 창조하는 시대를 초월한 표현의 탐구를 최신 시집에서 선보입니다.

앞서 언급했듯이 김행숙 시인의 시는 시적 미니멀리즘을 세련되게 표현한 결과물입니다. 한국의 전통적인 시 형식 중 하나인 시조 역시 이러한 미니멀리즘을 잘 보여주는 예

reflections.

The Joseon Dynasty (1392 - 1910) marked a flourishing period for Korean poetry. During this time, Sijo and Gasa became the predominant poetic forms. Gasa, a longer form of poetry, allowed poets to explore more complex and narrative themes. The poetry of this period often reflected everyday life and the relationship between humans and nature.

Korean poetry was not limited to writing alone; it was also meant to be sung. This tradition of sung poetry persisted over the centuries and remains an important part of Korean culture. Korean poetry has evolved over time, adapting to social and cultural changes, while always maintaining its essence of expressing the depth of the human experience.

From the earliest civilizations to the present day, poetry has followed a path of change and evolution. These poets, in their moments, revealed a world—the world they knew—and also created another world immortalized in their poetic creations. Just like countless poets across different latitudes throughout the centuries, Korean poet Haingsook Kim presents in her latest book that timeless quest for expression through poetry, revealing the world through her gaze and undoubtedly creating another world to discover.

As mentioned earlier, the poetry of Haingsook Kim is the result of a refined display of poetic minimalism. One of the traditional poetic forms in Korea is the

입니다. 시조는 3행으로 구성되며 행마다 기교적으로나 주제별로 구성되어 있습니다. 시조의 대가들은 우주론적, 형이상학적, 관조적, 자연 관련, 사랑, 해학, 정치적 주제를 주로 다루었습니다.

충절의 정서와 정신적 깊이가 인상적인 시조 중 하나는 정몽주(1337-1392)의 이 시조입니다:

이 몸이 죽고 죽어 일 백 번 고쳐 죽어
백골이 진토되어 넋이라도 있고 없고
임을 향한 일편단심이야 가실 줄이 있으랴

—「단심가」 전문

김행숙 시인의 시는 시조의 구조를 엄격히 따르지는 않지만, 존재에 대한 심오한 성찰을 몇 줄로 압축해내는 시조의 간결함과 그 힘을 공유하고 있습니다. 16편의 시로 구성된 『신의 부스러기』의 첫 번째 섹션은 다음 시에서 볼 수 있듯이 신비로움과 깊이가 담긴 명상들로 채워져 있습니다:

자화상

흙으로 만든

신의
부스러기

—「거울」 전문

sijo, which also exemplifies this minimalism. The sijo consists of three lines and is organized both technically and thematically by line. The great masters of sijo often explored cosmological, metaphysical, contemplative, nature—related, love, humorous, and political themes.

One sijo that impresses me with its sentiments of loyalty and spiritual depth is this one by Chŏng Mongju (1337 - 1392):

> Though this body die and die,
> it may die a hundred times,
> my white bones become but dust,
> what's called soul exist or not:
> for my lord, no part of this red heart
> would ever change. How could it?

(Sejong Cultural Society)
(www.SejongCulturalSociety.org)

Although Haingsook Kim's poems do not strictly adhere to the sijo structure, they share its minimalism and the ability to condense profound reflections on existence into a few lines. The first section of God's Fragment, consisting of 16 poems, is dedicated to these meditations laden with mystery and depth, as seen in the following poem:

> Self—portrait
>
> Made of earth
>
> God's
> Fragment

– 「Mirror」 full text

시조에는 서사적 또는 시적 산문의 요소가 있으며, 다음 익명의 시에서 볼 수 있듯이 짧은 이야기를 들려줍니다:

말은 가자 울고 님은 잡고 놓지 않네
석양은 재를 넘고 갈 길은 천리로다
저 님아 가는 날 잡지 말고 지는 해를 잡아라

하지만 『신의 부스러기』를 구성하는 시에는 그러한 서사적 요소가 거의 없습니다. 김행숙의 시는 간결하고 수학적이며 과학과의 친화력까지 지니고 있습니다.
이 시집의 제호 "신의 부스러기"는 1964년에 영국의 물리학자 피터 힉스(1929~2024)가 제시한 그 유명한 "신의 입자" 이론과 연결시키지 않을 수 없습니다.
노벨 물리학상을 수상한 이 과학자는 우주를 구성하는 아원자 입자를 연구하는 데 평생을 바쳤습니다. 그의 주요 목표는 우주를 지탱하는 힘을 설명하는 것이었습니다.
시인 역시 힉스에게 같은 질문을 던졌을 것입니다: 우주를 지탱하는 이 힘은 무엇일까? 과학자는 철저한 연구를 통해 이 질문에 답하려 할 것이고, 시인은 시로 이 질문에 답하려 할 것입니다. 시인 김행숙은 이런 초월적인 질문을 스스로에게 던졌고, 시를 통해 그 답을 구했음을 믿어 의심치 않습니다.

아름다운 발견

붉은 향기를 휘어 감은

태양

In the sijo there are elements of narrative or poetic prose, these poems tell short stories as seen in the following anonymous poem :

My horse neighs to leave here now,
but you plead with me to stay;
the sun is dipping behind the hill,
and I have far to go.
Dear One, instead of stopping me,
why not hold back the setting sun

(Sejong Cultural Society)
(www.SejongCulturalSociety.org)

But the poems that make up God's Fragment lack this narrative element. Haingsook Kim's poems are concise, mathematical and even possess an affinity with science.
It is inevitable not to associate the name of this book with the theory of the Higgs boson (the famous God particle) proposed in 1964 by the British physicist Peter Higgs (1929–2024).
This scientist, who won the Nobel Prize in Physics, dedicated his life to the investigation of the subatomic particles that make up the Universe. His main objective was to describe the force that sustains the cosmos.
A poet could also have asked himself the same question as Higgs: What is this force that sustains the cosmos? A scientist would try to answer this question through exhaustive research and a poet would answer this question with a poem. I have no doubt that the poet Haingsook Kim has asked herself this and other transcendental questions which she answers through her poems.

Beautiful discovery

The sun

Wrapped around the red scent

신의 선물

깊고 넓은

정적

—「하늘」 전문

김행숙 시인은 이 시에서 진홍빛 향기로 뒤덮인 하늘, 이 미묘한 향기, 이 만질 수 없는 신의 선물은 광대하고 무한하다고 묘사합니다. 이 고요함 뒤에는 무엇이 있을까요? 무엇이 이 고요함을 지탱하는 걸까요? 무엇이 이 헤아릴 수 없는 우주를 지탱하는 것일까요?

언급한 바와 같은 유사성은 과학과 시의 관계가 보기보다 한층 깊고 풍부하다는 것을 증명합니다. 두 세계는 서로 상반되는 것처럼 보이지만 진리를 탐구하고 우리를 둘러싸고 있는 세계를 이해하려는 공통된 목표를 지닙니다. 객관성과 경험적 방법을 중시하는 과학은 관찰과 실험을 통해 우주의 신비를 풀려고 합니다. 반면에 시는 주관과 감정을 통해 인간의 삶과 자연의 깊이를 탐구합니다.

이 둘의 융합 지점은 바로 창의성입니다. 과학자와 시인 모두 새로운 관점에서 세상을 바라볼 수 있는 새로운 가설이나 은유를 공식화하기 위해 창의력을 발휘합니다. 직관은 두 분야 모두에서 중요한 역할을 하며, 많은 과학적 발견은 시인이 경험하는 것과 다르지 않은 영감의 순간에서 비롯

God's gift

Deep and Vast

Stillness

– 「Sky」 full text

This poem, Haingsook Kim, describes the sky enveloped in a crimson fragrance, this ethereal scent, this untouchable divine gift is vast and infinite. What is behind this stillness? What sustains this stillness? What sustains the unfathomable cosmos?

These parallels only prove that the relationship between science and poetry is deeper and richer than it might seem at first glance. Both disciplines, though seemingly opposed, share a common goal: the search for truth and understanding of the world around us. Science, with its focus on objectivity and empirical method, seeks to unravel the mysteries of the universe through observation and experimentation. Poetry, on the other hand, explores the depths of human experience and nature through subjectivity and emotion.

A point of convergence between the two is creativity. Both scientists and poets must be creative to formulate new hypotheses or metaphors that allow us to see the world from new perspectives. Intuition plays a crucial role in both fields; many scientific discoveries have arisen from moments of inspiration that are not unlike those

합니다.

역사적으로 시에서와 같은 발견과 성찰의 표현 방법을 발견한 과학자들의 사례를 찾아볼 수 있습니다. 주목할 만한 사례로는 프랑스에서 귀화한 폴란드 과학자 마리 퀴리(1867~1934)가 있습니다. 그녀는 문학을 동경하고 과학에 헌신한 희생과 보람을 표현하기 위해 시를 썼습니다. 시적 감성과 재능이 뛰어난 그녀는 과학에서 아름다움을 발견할 수 있음을 알았습니다:

> 저는 과학에 위대한 아름다움이 있다고 생각하는 사람 중 한 명입니다. 실험실의 과학자는 기술자일 뿐만 아니라 동화처럼 감동을 주는 자연 현상 앞에 놓인 어린아이이기도 합니다. 우리는 그러한 기계가 그 자체의 아름다움을 가지고 있음에도 불구하고 모든 과학적 진보를 메커니즘, 기계, 기어링으로 축소할 수 있다고 믿어서는 안됩니다.
>
> – 마리 퀴리

시와 과학은 그 방법과 접근 방식은 다르지만 현실을 탐구하고 이해하는 상호 보완적 관계입니다. 둘 다 창의성과 직관, 세상에 대한 깊은 경이로움을 필요로 합니다. 이 둘의 공통점을 인정하고 축하한다는 것은 과학적 엄밀성과 시적 아름다움을 모두 인정하는 일로서 더욱 풍부하고 다양한 문화를 창조할 수 있게 합니다.

김행숙 시인의 시적 정밀성엔 수학적 특징도 있습니다. 시와 수학의 관계는 매혹적이며 역사적으로 수많은 예

experienced by poets.

History also shows examples of scientists who have found in poetry a way to express their discoveries and reflections. A notable case is that of the French naturalized Polish scientist Marie Curie (1867–1934) who admired literature and wrote a poem to express the sacrifices and rewards of her dedication to science. We can see that she was gifted with poetic sensibility and could find beauty in science:

> I am among those who think that science has great beauty. A scientist in his laboratory is not only a technician: he is also a child placed before natural phenomena which impress him like a fairy tale. We should not allow it to be believed that all scientific progress can be reduced to mechanisms, machines, gearings, even though such machinery has its own beauty.
>
> – Marie Curie

Poetry and science, although different in their methods and approaches, are complementary ways of exploring and understanding reality. Both require creativity, intuition and a deep sense of wonder at the world. Recognizing and celebrating their concurrences can foster a richer and more diverse culture that appreciates both scientific rigor and poetic beauty.

The precision in Haingsook Kim's poems has a mathematical feature as well. The relationship between poetry and mathematics is fascinating and has

술가와 사상가에게 영감을 주었습니다. 1960년 프랑스 파리에서는 작가와 수학자 그룹이 어울리포(잠재적 문학 워크숍)를 설립했습니다. 다른 아방가르드 운동과 달리 어울리포는 논리적 수학적 추론을 수용하고 스스로에게 창작의 제약을 가했습니다.

그들의 모토 "어울리피안 작가란? 탈출할 미로를 만드는 쥐들"이라는 문학 그룹의 가장 위대한 지도자 중 한 명은 프랑스 작가이자 수학자인 레몽 크노(1903-1976)입니다. 이 분야에서의 그의 가장 중요한 작품은 「센트 밀 밀리아드 드 포엠/ 일억 개의 시」(Cent Mille Milliards de Poèmes/ One Hundred Million Poems)입니다. 이 작품은 각 14행으로 이루어진 10개의 소네트로 구성되어 있는데, 각 행은 같은 운율을 가진 다른 행과 서로 바꿀 수 있어 여러 조합이 가능하다는 특별한 점이 있습니다. 이와 같은 작품은 시가 스스로를 재창조하고 새로운 표현 형식에 적응할 수 있다는 무한한 능력을 보여줍니다.

레몽 크노의 생각은 불경스러우며 파격적이었습니다. 그는 답을 찾으면서 동시에 큰 질문을 던졌습니다.

> 삶? 아무것도 그것을 가져다주지 않고, 아무것도 그것을 움직이지 않고, 아무것도 그것을 훼손하지 않고, 아무것도 그것을 빼앗지 않는다.
>
> - 레몽 크노.

삶은 무에서 비롯되고, 무에 의해 움직이며, 무에 의해 훼손되고, 무에 의해 빼앗기기도 합니다. 여기서 우리는 과학자, 작가, 시인, 예술가 모두의 위대한 질문으로 돌아갑니

inspired a number of artists and thinkers throughout history. In Paris (France), in 1960, a group of writers and mathematicians founded the Oulipo (Potential Literature Workshop). Unlike other avant-garde movements, the Oulipians embraced logical-mathematical reasoning and imposed creative restrictions on themselves.

Their motto was: ≪And what is an Oulipian author? Rats who build the labyrinth from which they will try to escape≫.One of the greatest exponents of this literary group was the French writer and mathematician Raymond Quenau (1903-1976) His most important work in this field was Cent Mille Milliards de Poèmes/ One Hundred Million Poems. This work consists of ten sonnets of fourteen lines each, which have an extraordinary peculiarity: each line can be interchanged with other lines that have the same meter and rhyme, thus creating multiple possible combinations. Works like this show the infinite capacity of poetry to reinvent itself and adapt to new forms of expression.

Raymond Quenau's thinking was irreverent and unconventional. He sought answers and at the same time raised big questions.

> La vie? Un rien l'amène, un rien l'anime, un rien la mine, un rien l'emmène.
>
> – Raymond Queneau

Life comes from nothingness, is animated by nothingness, undermined and taken away by nothingness as well. Here we return to the great question

다: 무엇이 우주를 지탱하는가? 아마도 그것은 크노가 언급한 그 무(無)일 것입니다.

시인 김행숙은 아마도 그 영원한 무에 둘러싸여 고요히 사색에 잠겼을 것입니다:

손의
생각

창을
열어젖힌
오후

보이지 않는
빛

—「침묵」 전문

보이지 않는 빛. 어쩌면, 그것은 잡을 수 없지만 그럼에도 불구하고 존재하는 무(無)일지도 모릅니다. 그것은 혹시 우주를 지탱하는 힘일지도 모릅니다.

프랑스의 시인이자 작가인 폴 발레리(1871~1945)도 그의 작품에서 시와 수학의 관계를 탐구했습니다. 발레리는 루마니아의 수학자이자 시인인 피우스 세르비앙(1902~1959)의, 두 분야를 조화시키는, 능력을 존경했습니다. 발레리는 기하학과 시가 양립할 수 없는 것이 아니며, 둘 다 비슷한 방식으로 세상을 설명할 수 있다고 생각했습니다. 발레리는 피우스 세르비앙이 이끄는 그룹에 참여하여 이에 대한 연구에 몰두했습니다. 그들은 수학적 구조가 시의 미적 패턴으로 어떻게 기능할 수 있는지 함께 탐구했습니다. 발레

for scientists, writers, poets and artists alike: What sustains the cosmos? Perhaps it is that nothingness Queneau mentions.

The poet Haingsook Kim contemplates in stillness, perhaps surrounded by that persistent nothingness:

Thought
of hand

Afternoon
throwing open
a window

Invisible
Light

– 「Silence」 full text

That invisible light, perhaps it is that nothingness, that which is ungraspable but nevertheless exists. That which perhaps is what sustains the cosmos.

On the other hand, the French poet and writer Paul Valéry (1871–1945) also explored the relationship between poetry and mathematics in his work. He admired Pius Servien (1902–1959), a Romanian mathematician and poet, for his ability to harmonize the two fields. Valéry believed that geometry and poetry were not incompatible, and that both could explain the world in a similar way.
Valéry immersed himself in the study of this relationship, becoming part of a group led by Pius Servien. Together they explored how mathematical structure could function as an aesthetic pattern in poetry. For Valéry, the poetic

리에게 시적 충동의 작업은 수학적 계산과 유사했으며, 두 과정 모두 고도의 추상화 작업이 필요했습니다.

장엄하게 쓰러져 달콤한 최후를,
춤판이 끝난 뒤 싸움을 잊고,
미끄러운 몸 이끼 위에 뻗으니,
이 얼마나 감미로운 일인가!

저 여름의 불꽃들만큼이나
화사하게 퍼져나간 빛이
땀방울 구르는 이마를
승리로 수놓은 적 없어!

그러나 그 많은 일 이루어,
춤추며 헤라클레스를 격파한,
이 거대한 몸집도 석양에 잠겨,
한 무더기 장미에 지나지 않아!

잠들라, 별들의 보폭으로
서서히 해리되는 정복자여,
영웅에게서 우러나는 히드라가
무한으로 뻗어나갔으니…

오, 황소자리, 개자리, 큰곰자리,
웅혼한 승리의 전리품들을,
무형의 공간에 설치하는구나,
불가역의 시간으로 영혼이 입장할 때!

impulse was similar to a mathematical calculation, and both processes required a certain degree of abstraction.

The fall so splendid, the end sweet,
The struggle forgotten, what bliss
To stretch the glistening body out
Against the moss, after the dance!

Never has such a glow
Shone out in victory
As these bright sparks of summer
Across a forehead sown with sweat!

...

The soul imposes, entering time
Without resort, on formless space!

Fin suprême, étincellement
Qui, par les monstres et les dieux,
Proclame universellement
Les grands actes qui sont aux Cieux!

– Paul Valery「Ode secrete.」Fragment

(Translated by Nathaniel Rudavsky–Brody)

숭고한 최후, 번쩍거림이
신들과 괴물들을 동원해
우주 가득히 선포한다,
천상을 가로지르는 위대한 행적!

— 폴 발레리(성귀수 옮김) 「신비의 찬가」 전문

보다시피, 발레리가 수학을 미적 패턴으로 고려했다고 해서 그의 시가 기계적이고 회색빛 인공물로 변하는 것은 아닙니다. 수학 공식은 시의 아름다움을 지니고 있으며, 그 반대의 경우 또한 마찬가지입니다.

시인 김행숙도 시적 표현을 위해 특유의 방법이나 셈법을 사용하는데, 바로 은유 알고리듬입니다. 알고리듬은 특정 문제를 해결하기 위해 정밀하게 정의되고 질서정연하게 따르는 간단한 연산의 유한 집합입니다. 알고리듬은 일련의 정의된 지침을 통해 작업을 실행하거나 문제를 해결할 수 있게 합니다. 알고리듬은 시작부터 지정된 단계의 과정을 따라 최종 상태에 도달하고 솔루션이나 결과를 얻습니다. 김행숙의 경우 최종 결과는 시가 됩니다.

안개와
잎사귀에 걸린 해

새장에 갇힌
구름과 언덕은

푸른산책 때문이죠
태양이 녹아내리는
창

As can be seen, the fact that Valery has taken mathematics into account as an aesthetic pattern does not turn his poems into mechanical and gray artifacts. Mathematical formulas possess the beauty of a poem and vice versa.

The poet Haingsook Kim also makes use of a peculiar method or calculation to achieve her poetic expression : the algorithm of metaphor. An algorithm is a finite set of simple operations that is precisely defined and followed in an orderly fashion to solve a particular problem. Algorithms make it possible to execute an action or solve a problem by means of a series of defined instructions. It starts from an initial state and by following the indicated steps, the final state is reached and a solution or result is obtained. In this case, the final result would be the poem.

Fog and
Sun caught on leaves

Trapped in the birdcage
Clouds and hills

Because of blue walk
Window
Sun melting away

Scorching heat snowing falling
Because of Milky Way in the night sky

눈 내리는 불볕더위는
밤하늘의 은하수 때문이죠

너무
낮은 사계절

자정에 깨어난
침묵은

잠이 든 눈동자 때문이죠

—「하늘의 셈법」 전문

김행숙 시인의 이 시에는 하늘의 계산이 묘사되어 있으며, 시인은 자신이 본 것을 간결하지만 더없이 아름다운 방식으로 표현합니다. 안개와 태양이 나뭇잎에 갇힌 곳에서 세상이 드러나기도 하지만 새로운 세상이 만들어지기도 합니다.

구름, 언덕, 창문, 새장, 태양... 모든 것은 이름이 있지만 시의 일부가 되면서 변형됩니다.

> 단어, 소리, 색채, 기타 소재는 시의 영역에 들어오자마자 변신을 합니다. 의미와 소통의 도구가 되기에 그치지 않고, 그것들은 다른 무언가가 됩니다.
>
> — 옥타비오 파스

시인 김행숙의 시작 방법에서 은유는 근본적인 역할을 합니다. 잘 알려진 바와 같이 은유는 시의 원초적인 모습입니다. 은유는 서로 다른 두 가지 요소나 아이디어를 암묵적

Too low
Four seasons

Midnight−awakened
Silence

Due to sleeping eyes

− 「Calculation of Sky」 full text

In this poem by Haingsook Kim, the calculation of the sky is described, the poet expresses what she sees in a concise but no less beautiful way. The world is revealed but also a new one is created where the fog and the sun are trapped in the leaves.
The clouds, the hills, the window, the cage and the sun...Everything is named but transmuted as it becomes part of the poem.

> Words, sounds, colors and other materials undergo a transmutation as soon as they enter the circle of poetry. Without ceasing to be instruments of meaning and communication, they become something else.
>
> − Octavio Paz

In the method of the poet Haingsook Kim, metaphor plays a fundamental role. As is well known, metaphor is a primordial figure in poetry. It consists of establishing an implicit comparison between two different elements or ideas, thus conveying a more intense and profound

으로 비교하여 구성함으로써 보다 강렬하고 심오한 이미지를 구현합니다. 은유는 단어의 의미를 확장합니다. 전문 용어로 은유는 근본적인 비교를 설정하여 문자 그대로를 초월하는 수사적 표현이라고 할 수 있습니다. 은유는 다음 시를 읽은 후 인식할 수 있듯이 추상적인 아이디어를 보다 구체적이고 감각적으로 전달할 수 있게 합니다:

조율된

아름다움이

부서지고

십자가

정신의

무게와

머큐롬의

요구

강박의 포박

격렬한

굴곡의 통증으로

image. Metaphor expands the meaning of words. In technical terms, we can consider it as a rhetorical figure that transcends the literal by establishing underlying comparisons. The metaphor allows to transmit abstract ideas in a more concrete and sensorial way as can be perceived after reading the following poem:

Tuned

Beauty

Shattered

Cross

Mind's

Weightf and

Mercurochrome's

Demand

Bondage of Obsession

With pain

Of intense flexion

섬은

아름다우며 차다

–「미각」 전문

나는 김행숙의 시를 읽으면서 입체파의 몇 가지 요소를 발견할 수 있습니다. 문학적 입체주의는 형태를 분열시키고, 전통적인 선형적 서술 관점을 깨고, 재현의 개념 자체에 도전하는 미학을 특징으로 하는 20세기 초의 예술사조입니다. 파블로 피카소와 조르주 브라크(1907~25)가 주도한 시각 예술의 입체파 운동에서 영감을 받아 건축과 영화 촬영에도 영향을 미쳤습니다.
김행숙 시인의 시와 문학적 입체주의에서 제가 발견한 가장 큰 공통점은 파편화입니다. 입체파 기법은 개인을 파편화된 이미지의 집합으로 표현했습니다. 이러한 파편화는 문학적 입체주의 안에서 새로운 문법의 사용으로 이어졌습니다. 내러티브와 일화는 이러한 유형의 합성된 표현에서 설 자리가 없습니다.
무엇보다도 저는 김행숙의 작품과 미국 시인 거트루드 스타인(Gertrude Stein, 1874~1946)의 작품 사이에 흥미로운 유사성을 발견했습니다. 스타인의 작품은 의미와 언어에 대한 전통적인 관념에 도전합니다. 이 시는 간결함을 통해 형상과 의미의 관계를 해체합니다.

장미는 장미다. [Rose is a rose is a rose.]

스타인의 이 짧은 시는 당대의 전통적인 시적 형식에 대한 거부를 반영합니다. 스타인의 언어에 대한 실험과 탐구는 포스

Island

Beautiful and Cold

– 「Taste」 full text

On the other hand, reading this poem Haingsook Kim I recognize in it some elements of cubism. Literary Cubism is an early 20th century movement characterized by an aesthetic that fractures form, breaks with traditional linear narrative perspectives and challenges the very idea of representation. It was inspired by the Cubist movement in the visual arts led by Pablo Picasso and Georges Braque (1907–25), which also influenced architecture and cinematography.
The main affinity I find between Haingsook Kim's poetry and literary cubism is fragmentation. Cubist techniques presented the individual as a set of broken images. This fragmentation translated, within literary cubism, into the use of a new syntax. The narrative and the anecdotal have no place in this type of synthesized expression.
Above all, I find an interesting affinity between Haingsook Kim's work and the work of the American poet Gertrude Stein (1874–1946). Stein's work challenges traditional notions of meaning and language. Through its brevity, the poem deconstructs the relationship between signifier and signified.

Rose is a rose is a rose.

Stein's very short poem reflects her rejection of the traditional poetic forms of her time. Stein's experiments

트모더니즘 이론을 예견했습니다.

I do. 그래요.

Victim. 피해자.

Sales 매상고

Met 만나

Wipe 지운다

Her 그녀를

Less. 조금 덜

Was a disappointment 실망이었어

We say it. 우리는 말하지

Study nature. 자연을 공부해

Or 혹은

Who 누구

Towering. 솟아오르는

Mispronounced 잘못 발음한

Spelling. 철자.

She 그녀

Was 였어

Astonishing 놀라운

To 에게

No 누구

One 하나

For 위해

Fun 놀이를

Study from nature. 자연에서 배우죠.

and explorations with language anticipated postmodernist theories.

I do.
Victim.
Sales
Met
Wipe
Her
Less.
Was a disappointment
We say it.
Study nature.
Or
Who
Towering.
Mispronounced
Spelling.
She
Was
Astonishing
To
No
One
For
Fun
Study from nature.

– 거트루드 스타인. 「자연을 배우다」. 부분

스타인의 시에서 우리는 전통적인 구조, 문법과 구두점의 결핍을 보는데, 그 의미가 불명하고 모호합니다. 김행숙의 시에서도 간결함과 비전통적인 구조를 보게 되지만, 스타인의 시와는 달리, 혼미스러움 대신 조화가 모호함 대신 신비로움이 있습니다.

> 시는 저마다 특별합니다. 각 작품마다 모든 시는 크든 작든 강약의 리듬을 탑니다. 그러므로 한 편의 시를 읽는 일은 어떤 역사적, 문헌적 탐구보다도 더 확실하게 시가 무엇인지를 우리가 알게 합니다.
>
> – 옥타비오 파스

김행숙의 시들은 독특하여 그 하나하나에서 우리는 짧은 말과 빈 공간에 침묵으로 응축되어 있는 시를 보게 됩니다. 거기서 우리는 하나의 세계를 보여주며 새로운 세계를 차례로 드러내는 시를 만납니다.

김행숙의 작품에 나타난 것처럼, "길가메시의 시“는 서사적이고 장황한 시로부터 다양한 형태의 시적 표현으로 발전해 왔습니다. 그러나 시의 주제는 사랑, 죽음, 거침없는 시간의 흐름과 존재의 의미에 대한 탐구와 같은 4천 년 전의 모습 그대로 남아 있습니다. 『신의 부스러기』에서, 아름다움을 가리고 있던 베일이 벗겨졌습니다. 이제 저마다 독자들은 그 신비스런 아름다움을 찾아나서는 도전에 직면하게 될 것입니다.

– 마리엘라 코르데로

– 「Study Nature」. Gertrude Stein (Fragment)

In this Stein poem we find a lack of traditional structure, grammar and punctuation, and its meaning is vague and ambiguous. In Haingsook Kim's poems although we find brevity as well and non–traditional structure there is unlike Stein's poems harmony instead of chaos and mystery instead of ambiguity.

> Each poem is unique. In each work beats, with greater or lesser intensity, all poetry. Therefore, the reading of a single poem will reveal to us with greater certainty than any historical or philological investigation what poetry is.
>
> – Octavio Paz

Haingsook Kim's poems are unique and in each one of them we will find poetry condensed in short words and in their blank spaces as silences. There we find poetry showing a world and revealing a new world in turn.

From the epic and lengthy "The Poem of Gilgamesh" has evolved into different forms of poetic expression as displayed in Haingsook Kim's work. However, the themes in the poetry remain the same as they were four thousand years ago: love, death, the inexorable passage of time and the search for the meaning of existence.
In God's Fragment the veil that covered the beauty has fallen. However, each reader will face the challenge of discovering that mysterious beauty.

– Mariela Cordero

Mariela Cordero, Venezuela (1985) is a writer, translator, visual artist and lawyer. She has won several international poetry awards, including first prize in the 2nd Iberoamerican Poetry Contest Euler Granda, Ecuador (2015), first prize in the Spanish short poem contest TRANSPalabr @RTE 2015 III, first prize in the Spanish International Poetry Contest #Aniversario PoetasHispanos (2016), and has participated in several international literary conferences and festivals, such as the Princeton Festival and the Parque Chas International Poetry Festival. She currently manages the #Venezuelan Poetry and #World Poets sections of the poetry magazine Poémame (Spain) and is an editorial advisor to the poetry magazine Symbology Institute.

English Translation: Euisu Byeon (poet · critic)